PUFFEL
DARF FEHLER MACHEN

Ein herzliches Dankeschön an die Menschen, die bei der Entstehung des Buches mitgeholfen haben. Ganz besonders gilt dies für meine Familie, Sabine Andres und Christine Sterner.

ISBN 9783741211737

© Elena Grumann
Alle Rechte vorbehalten.
Satz und Layout: RpunktDESIGN Hannover
Illustrationen: Anne Rikta Grobe
Lektorat und Korrektorat: Sandra Schmidt,
Lektorat Text-Theke. www.text-theke.com
Herstellung und Verlag: BoD Books on Demand, Norderstedt
Printed in Germany

PUFFEL
DARF FEHLER MACHEN

Selbstbewusstseinstraining für Kinder

von
Elena Grumann

ELENA GRUMANN

wurde 1972 in Hildesheim geboren und arbeitet in eigener Praxis als Stressmanagement-Trainerin und Entspannungspädagogin. Sie gibt Anti-Stress-Kurse für Kinder im Grundschulalter, Stressmanagement-Kurse für Erwachsene und arbeitet mit Schulen zusammen. Mit ihrem Mann und ihrem Sohn lebt sie in Münchehagen.

www.entspannungs-kurse.com

ANNE RIKTA GROBE

wurde 1972 geboren. Sie wohnte in Kassel, Australien und Indien und studierte dann Grafik Design und Illustration in Hildesheim. Sie hat bereits mehrere Kinderbücher illustriert. In ihrem eigenen Atelier in Gehrden bei Hannover entwirft sie Collagen, Wandbemalungen oder auch einfach nur Stoffmuster und Stempelchen. Sie lebt heute mit ihrem Mann und zwei Kindern bei Hannover.

www.rikta-illustrationen.de

VORWORT

In meinen Anti-Stress-Kursen berichteten mir Kinder zunehmend von ihren Schulängsten. Ihnen fehlt der Mut, ihre Meinung in Konfliktsituationen zu sagen und sich zu wehren. Auch sind sie sich ihrer Stärken nicht bewusst, weil sie sich zu sehr auf ihre Schwächen konzentrieren. Geprägt von dem heutigen Leistungsdruck in der Gesellschaft und den Anforderungen in den Schulen haben Kinder Angst, Fehler zu machen. Es entsteht Stress auf körperlicher und geistiger Ebene. Denkblockaden im Unterricht und bei den Arbeiten sowie Versagensängste, innere Unruhe, Schlafprobleme, Bauch- und Kopfschmerzen sind die Folgen. Die Geschichte soll Kindern helfen, ihren eigenen Stress rechtzeitig zu erkennen und Mut zu entwickeln, ihn selbstständig bewältigen zu können. Durch positive Glaubenssätze, die abends vor dem Schlafen gehen von den Kindern wiederholt und mit Ihnen als Eltern gemeinsam besprochen werden, erfahren Kinder, dass sie lernen können, an sich zu glauben, ihre Meinung zu äußern und dass es zum Leben dazugehört, Fehler zu machen. Auf diesem Weg werden die neuen positiven Gedanken durch das tägliche Wiederholen langfristig bei Ihrem Kind verinnerlicht und so sein Selbstbewusstsein aufgebaut Ich wünsche Ihnen viel Spaß mit der Geschichte und bei der Umsetzung der Glaubenssätze im Alltag.

PUFFEL DARF FEHLER MACHEN

Die Hasenmutter versuchte, ihr Hasenkind aus dem Bett zu bekommen, doch Puffel hatte sich unter der Bettdecke versteckt. Er wollte nicht gefunden werden. Wie jeden Morgen hatte er Angst, zur Schule zu gehen. Schon bei dem Gedanken an die Schule wurde ihm ganz schlecht. Mathe stand heute auf dem Stundenplan. In dem Fach war er nicht gut.

Meistens schrieb er eine 4 oder eine 5. Deshalb traute sich Puffel gar nicht mehr, sich im Unterricht zu melden, geschweige denn, seine Hausaufgaben vorzulesen. Immer wieder sagte er zu sich selber: „Mathe verstehe ich nie, dafür bin ich zu dumm."

Schließlich gelang es seiner Mutter, ihn aus dem Bett zu bekommen. „Mach dich bitte fertig für die Schule, du kommst noch zu spät." Langsam schlich er ins Badezimmer. Beim Blick in den Spiegel sah er seine eigene Angst in den Augen funkeln. Sie begleitete ihn ständig. Über seinen traurigen Gesichtsausdruck erschrak er jedes Mal selber.

So wie Puffel aussah, so fühlte er sich auch: hilflos. Was sollte er nur tun? Andere Kinder waren doch auch nicht so gut in der Schule und wurden ab und zu von anderen Mitschülern geärgert. Aber die hatten trotzdem Freunde, trauten sich, sich im Unterricht zu melden und konnten noch lachen und sich am Leben erfreuen. Das konnte er schon lange nicht mehr. Puffel hatte vergessen, wann er das letzte Mal so richtig gelacht hatte und sich für etwas begeistern konnte. Warum war er nicht wie die anderen Schüler? Er bewunderte die Kinder, die sich trauen, ihre Meinung zu sagen.

Puffel wurde aus seinen Gedanken gerissen. Seine Mutter rief nach ihm: „Puffel, bist du fertig?"

„Ja, Mama, ich komme", rief er zurück. Er hoppelte an ihr vorbei, schnappte sich seine Schultasche und verabschiedete sich von seiner Mutter. Die Schule war nicht weit weg, gleich um die Ecke.

Das Frühstück hatte er wie jeden Morgen stehen lassen. Wie oft hatte ihm seine Mama gesagt, dass er in Ruhe frühstücken sollte, damit man sich besser in der Schule konzentrieren konnte. Sie erklärte: „Autos brauchen auch Treibstoff, um zu fahren, und wir brauchen eine gesunde Ernährung, um denken zu können." So ganz verstanden hatte Puffel das nicht. Er war mit seinen Gedanken beim Matheunterricht.

In der ersten Stunde hatte er Deutsch. Die Lehrerin war ganz nett und Deutsch konnte er sich auch besser merken als Mathe. Es klingelte. Geschafft, kurze Pause.

Alle Kinder gingen auf den Schulhof und hatten einen Spielkameraden. Nur Puffel nicht. Einsam und verlassen stand er dort. Er war einfach zu schüchtern, um andere Kinder zu fragen, ob er mitspielen durfte. Plötzlich sah Puffel den großen, starken Bär und seinen nicht weniger furchteinflößenden Freund, den Wolf. Sie kamen immer näher und machten sich ganz groß vor ihm. Puffel wusste, dass alle wegschauen und ihm niemand zu Hilfe eilen würde, wenn sie ihn ärgerten. Verzweiflung stieg in ihm auf. Am liebsten würde er sich in einem Hasenbau verstecken, doch

es gab hier keinen. Der Wolf stupste Puffel an und fragte ihn mit einem hämischen Grinsen: „Na, hast du wenigstens den Deutschunterricht verstanden oder bist du dafür auch zu dumm?" Der Wolf war so gemein.

Puffel drehte sich blitzschnell um und hoppelte davon. Ja, schnell war er. Er lief zu einem Baum, hinter dem er sich verstecken konnte. Er blieb hier so lange, bis das Klingeln der Schulglocke ihn erlöste und er zurück in den Klassenraum konnte. Er nahm auf seinem Stuhl Platz und sank in sich zusammen. Er hatte jetzt Mathe.

Die Lehrerin sah ihn prüfend an und stellte ihm eine Frage zu seinen Hausaufgaben. *Oh nein, dachte er. Warum fragt die Lehrerin immer mich?* Puffels Gesicht verfärbte sich

rot. Da war es wieder, das Gefühl der Hilflosigkeit. Seine Atmung wurde schneller, sein Herz raste und seine Pfoten wurden klitschnass vor Aufregung. Er wusste nicht, warum er sich auf einmal so fühlte und ihm wurde ganz schwindelig. Plötzlich konnte Puffel sich an nichts mehr erinnern und seine Stimme versagte. Die Antwort auf die Frage fiel ihm einfach nicht mehr ein. Die anderen Schüler waren mucksmäuschenstill. Nur das gemeine und fiese Lachen vom Wolf und dem dicken Bären war zu hören. Jetzt war ihm alles egal. In seiner Verzweiflung und Panik stieß er seinen Stuhl zurück und rannte aus dem Klassenzimmer.

So weit ihn seine Pfoten tragen konnten, rannte er – bis er auf einem Hügel stehen blieb und bitterlich begann zu weinen. Ab morgen waren Ferien, sechs lange Wochen. Darauf freuen konnte sich Puffel nicht. Er dachte daran, dass er keinen zum Spielen hatte und nach den Ferien die Schule wieder losgehen würde. Alles würde wieder so sein wie jetzt. Schule war einfach nur doof und der Wolf und der große Bär auch. Er seufzte und machte sich auf den Heimweg.

Vor einem kleinen Hasenbau blieb er stehen. Ganz vorsichtig schlich er sich in die Höhle. Vor ihm stand plötzlich ein älterer Hase und sah in fragend an. Das musste der Dorfälteste sein, von dem Puffel schon so viel gehört hatte. Man erzählte sich, dass er für alle Probleme eine Lösung hätte.

„Wie kommst du denn hierher?", fragte er Puffel.

„Ich bin mitten im Matheunterricht weggelaufen, weil ich eine Frage meiner Lehrerin nicht beantworten konnte.

Der große, böse Bär und der starke Wolf haben mich ausgelacht und da bin ich aus dem Klassenzimmer gestürmt und irgendwie nun bei dir gelandet. Am liebsten würde ich nie wieder zu Schule gehen. Ich habe keine Freunde, weil ich schüchtern bin. ich trau mich nicht, mich zu wehren, wenn mich jemand ärgert, und meine Meinung sage ich auch keinem. Ich möchte ja, dass mich jeder mag. Ich habe immer das Gefühl, alle anderen können so viel und ich kann nichts. Mit diesen Gedanken schlafe ich am Abend ein und wache am Morgen wieder auf", sprudelte es plötzlich aus Puffel heraus. Er war selbst ganz überrascht. „Es ist schön, mit dir zu reden", sagte er zum Dorfältesten.

Je mehr er sein Herz ausschüttete und über seine Probleme und Ängste sprach, desto besser ging es ihm. Sein Herzschlag wurde ruhiger und seine Atmung gleichmäßiger. Auch war er nicht mehr rot im Gesicht und das Schwitzen hörte auf. Ein Gefühl der Erleichterung breitete sich in ihm aus. Zum ersten Mal seit langer Zeit spürte er Entspannung in seinem Körper.

Der alte Hase entgegnete: „Wenn du magst, helfe ich dir. Jeder kann seine Angst und Hilflosigkeit besiegen. Du musst nur wieder Vertrauen zu dir selber bekommen und deine Stärken in dir entdecken. Du konzentrierst dich zu viel darauf, was du nicht kannst, und übersiehst dabei deine Stärken. Könntest du mir jetzt sofort drei Dinge nennen, die du gut kannst und auf die du stolz bist?"

Puffel überlegte und antwortete schließlich: „Nein, mir fällt nichts ein, was ich gut kann, und stolz bin auch auf nichts."

„Siehst du", sagte der Dorfälteste. „Das meinte ich. Ich habe hier eine Kiste mit Lösungen für deine Probleme. Diese Kiste kann deine Ängste und Sorgen nicht weghexen. So etwas gibt es leider nicht. Du kannst aber lernen, dir selber zu helfen. Sie ist gefüllt mit neuen, schönen Gedanken, die dir helfen, ab jetzt deine schlechten Gedanken loszulassen."

Puffel verstand das nicht so ganz. Was genau meinte der alte, weise Hase damit?

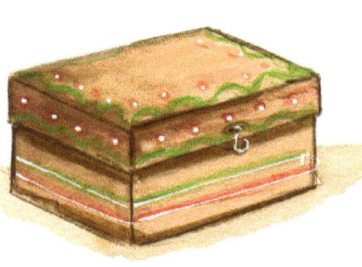

„Lass es mich dir noch genauer erklären", sprach er mit ruhiger Stimme zu ihm. „Ich erkläre dir das an einem Beispiel. Du hast dir doch oft schon selber gesagt, dass du Mathe nicht so gut kannst." Puffel nickte und wurde ganz traurig bei diesem Gedanken. „Diesen Satz merkt sich dein Kopf. Ab jetzt denkst du also, dass du Mathe überhaupt nicht kannst, weil du es dir ja selber gesagt hast und an deine eigenen Worte glaubst. Wenn du morgens beim Aufstehen an Mathe denkst, wird dir schlecht. Du bekommst Angst, weil du keine Fehler machen möchtest und deshalb meldest du dich nicht im Unterricht und liest deine Hausaufgaben nicht vor. Das ist eine Nachricht von deinem Körper und das nennt man Stress. Genau diese schlechten Gedanken wollen wir jetzt löschen und gegen neue, schöne Gedanken ersetzen." Aufmunternd nickte der alte Hase Puffel zu.

„Stell dich bitte mal vor den großen Spiegel, der dort in der Ecke steht." Neugierig ging Puffel zum Spiegel. „Heb deinen Kopf hoch, atme einmal tief ein und atme deine Ängste aus, lass sie los und sag dir jetzt: *Ich bin gut so, wie ich bin. Ich kann ganz schnell laufen. Ich darf Fehler machen. Ich habe Stärken und Schwächen.*"

Puffel wiederholte diese Sätze laut vor dem Spiegel. Da fragte der alte Hase: „Wie fühlst du dich jetzt?"

„Besser", antwortete Puffel, es schien fast so, als würde er lächeln.

„Siehst du, jetzt hast du dir selber durch die Sätze Mut gemacht. Dein Körper schickt dir die Nachricht, mit diesen Sätzen fühle ich mich gut. Deine Muskeln werden locker, wenn es dir gut geht. Bist du traurig, wütend und stehst gebückt, verspannen sich deine Muskeln. Jeder kann etwas gut und manches halt nicht. Das ist normal. Man kann nie alles können. Keiner kann das, auch die Erwachsenen nicht." Der alte Hase lächelte.

„Fällt dir jetzt etwas ein, was du gut kannst?"

„Ja", sagte Puffel. „Deutsch kann ich besser als Mathe."

„Daran musst du immer denken. Es gibt ganz viel, was du kannst. Viele Sachen muss man auch erst lernen und braucht Zeit dafür. So wie du jetzt. Du brauchst auch Zeit, um die neuen Gedanken zu lernen und dich an eine gerade Körperhaltung zu gewöhnen."

Puffel fing an zu verstehen, dass seine eigenen Gedanken ihm gute oder schlechte Gefühle schicken. Auch spürte

Puffel deutlich, wie wichtig es war, gerade zu stehen und den Kopf hoch zu nehmen. Dadurch fühlte er sich gleich besser. Irgendwie stark und mutig. *Deine Körperhaltung verrät anderen Kindern, ob es dir gut geht oder nicht. Stehst du gebückt, sieht man schon, dass du ängstlich bist. Dann wirst du auch schneller gehänselt. Stehst du dagegen gerade mit erhobenem Kopf, wirkst du auf andere mutig und wirst daher nicht geärgert.*

Plötzlich hörte Puffel die Stimmer seiner Mutter. Sie hatte sich auf die Suche nach ihm gemacht, weil er nicht nach der Schule nach Hause gekommen war. Puffel begrüßte seine Mutter und erzählte ihr, wie er hierher gekommen war. „Mama", sagte er, „ich habe gelernt, warum es mir oft nicht so gut geht."

„Dann erkläre mir das auch einmal", meinte die Hasenmama.

„Mein Körper hat Stress, wenn ich etwas nicht kann, und dadurch bekomme ich Angst, trau mich nicht, mich zu wehren, lache weniger, habe Angst, Fehler zu machen und kann nicht so gut schlafen. Deshalb habe ich mich auch nicht mehr getraut, mich im Matheunterricht zu melden und meine Hausaufgaben vorzulesen."

„Das stimmt", bestätigte der Dorfälteste. „Und jetzt wollte ich gerade Puffel den Umgang mit der Kiste erklären. Es ist schön, dass Sie da sind. Dann können Sie Puffel zu Hause beim Üben helfen." Der alte Hase nickte.

„Das Wichtigste hast du schon gelernt", sagte er zu Puffel. „Jetzt kommt der zweite Schritt. In dieser Kiste sind acht neue Gedanken, die du dir ab jetzt jeden Tag sagst. Das ist ein Trainingsprogramm. So, als würdest du zum Fußballtraining gehen. Da muss man auch lange üben, bis man mit einem gezielten Schuss endlich das Tor trifft. Abends, wenn du im Bett bist, ziehst du immer drei Karten. Auf jeder Karte steht ein Satz. Diesen Satz sagst du dir dann laut im Bett vor und sprichst mit deiner Mutter darüber. Dadurch merkst du dir die neuen Gedanken und schläfst mit ihnen ein. Nach und nach werden dann deine alten, schlechten Gedanken gelöscht. So, als würdest du einen Virus in einem Computer löschen. Zieh doch jetzt mal eine Karte und lies den Satz darauf vor."

Auch seine Mutter war ganz gespannt, was auf den Karten stand, und so zogen sie reihum alle acht Karten:

„Ich rede über meine Ängste und Probleme."

„Ich glaube an mich."

„Ich habe Schwächen und viele Stärken."

„Ich bin gut so, wie ich bin."

„Ich atme Mut ein und atme Ärger aus."

„Ich darf Fehler machen, denn jeder macht Fehler."

„Ich habe Mut, meine Meinung zu sagen."

„Ich darf mich wehren, wenn man mich ärgert."

Puffel war erleichtert. Schon beim Vorlesen spürte er, dass diese Karten ihm Kraft gaben.

„Mama", sagte Puffel. „Ich freue mich darauf, dir jeden Abend die Karten vorzulesen. Dann schlafe ich immer mit neuen schönen Gedanken ein."

Doch eine Sache beschäftigte ihn immer noch. Er sagte zu dem Dorfältesten: „Der Bär und der Wolf sind viel stärker als ich. Wie soll ich mich denn gegen die wehren?"

„Also", antwortete der alte, weise Hase, „den Mut, dich zu wehren, bekommst du ja, weil du zu dir sagst *ich wehre mich* und dabei an dich glaubst. Das ist immer das Wichtigste. Ich könnte dir aber auch ein paar Techniken aus der

Selbstverteidigung zeigen. Die helfen dir, sofort zu reagieren, wenn du angegriffen wirst. Während der Sommerferien kann ich dir einiges beibringen."

Puffel stellte sich ganz gerade hin, hob den Kopf an, strahlte übers ganze Gesicht und sagte zum Dorfältesten und seiner Mutter: „Hurra, jetzt freue ich mich auf die Sommerferien." Der alte Hase nahm Puffel und seine Mutter in den Arm. Puffel schaute ihn mit seinen großen, braunen Kulleraugen an und flüsterte: „Vielen Dank, dass du mir zugehört hast. Auf deine Kiste mit den Karten werde ich sehr gut aufpassen." Etwas lauter fügte er hinzu: „Ab morgen komme ich dann zum Selbstverteidigungstraining."

Auch Puffels Mutter bedankte sich für die Hilfe. Sie hatte ihr Hasenkind schon lange nicht mehr so glücklich gesehen. Zufrieden gingen sie zusammen nach Hause.

Puffel verstaute die Kiste auf seinem Nachttisch. Nach dem Abendessen ging er ins Badezimmer. Diesmal stellte er sich gerade hin und sah in den Spiegel. Er grinste sich an und sagte schon mal einen Satz, den er sich gemerkt hatte: „Ich darf Fehler machen." Voller Stolz ging er ins Bett. Heute hatte er genug gelernt und schlief glücklich ein.

In den nächsten sechs Wochen traf sich Puffel jeden Tag mit dem Dorfältesten zum Training. Puffel erzählte ihm, welche Karten er abends gezogen hatte. Zusammen hatten sie viel Spaß.

Der alte Hase war sehr beweglich und kannte viele Tricks, wie man sich wehren konnte. Beim Training dachte Puffel oft an den Wolf und den großen Bären. Die würden sich wundern, was er alles konnte und wie viel Mut er schon bekommen hatte – durch das Training und natürlich durch seine schönen, neuen Gedanken. Puffel konnte es kaum abwarten, die beiden endlich wiederzusehen.

Eines Tages hoppelte Puffel vom Training nach Hause, als er von Weitem seinen Schulkameraden Karlchen, die Schildkröte, sah. Karlchen war ganz nett, allerdings hatte sich Puffel nie getraut, ihn anzusprechen. Aber jetzt nahm er all seinen Mut zusammen. Puffel atmete tief ein und sagte sich: *Ich schaffe das, ich spreche ihn einfach an.* Gesagt, getan. Puffel rief: „Karlchen, bleib bitte mal stehen, ich muss dich etwas fragen."

Karlchen drehte sich um. „Hallo, Puffel", sagte er. „Wo kommst du denn her?"

„Vom Selbstverteidigungstraining", antwortete Puffel. „Das lerne ich in den Sommerferien bei dem Dorfältesten. Du weißt doch, der Wolf und der große Bär ärgern mich immer. Damit ist jetzt Schluss. Ich lerne ganz genau, wie ich mir selber helfen kann. Das macht mich mutig und ich werde dadurch stark."

Karlchen war beeindruckt.

„Wollen wir jetzt in den Ferien mal zusammen spielen?", fragte Puffel seinen Schulfreund.

„Tolle Idee, das machen wir", meinte Karlchen. „Bist du irgendwie größer geworden?", wollte er noch wissen.

„Nein", sagte Puffel. „Ich stehe nur gerade und das sieht dann größer aus", erklärte Puffel voller Stolz. Die zwei verabredeten sich zum Spielen. Überglücklich hoppelte Puffel nach Hause.

Er erzählte seiner Mutter: „Ich habe mich endlich getraut, Karlchen anzusprechen."

„Ich bin so stolz auf dich", sagte die Mutter zu Puffel.

„Ja, ich auch auf mich", antwortete er. *Ab jetzt traue ich mich immer, Kinder anzusprechen und meine Meinung zu sagen. Ich habe es wirklich geschafft,* dachte Puffel. *Ich habe an mich geglaubt und so mein Selbstvertrauen zurückbekommen.*

Karlchen besuchte Puffel jetzt regelmäßig. Sie trainierten zusammen Selbstverteidigung und auch Karlchen zog immer Karten aus der Kiste. Am besten fand er die Sätze: *Ich darf Fehler machen, Ich bin gut so, wie ich bin* und *Ich habe Mut, meine Meinung zu sagen.* Denn auch Karlchen möchte seine schlechten Gedanken, die ihm Bauchschmerzen machen, löschen und durch neue ersetzen.

Der letzte Ferientag war gekommen. Puffel und Karlchen freuten sich auf die Schule. Sie würden nun immer zusammen hin und nachmittags wieder nach Hause laufen. So, wie Freunde das eben machen. Vor dem Wolf und dem Bären hatte Puffel keine Angst mehr.

Gemeinsam gingen Karlchen und er noch einmal zum alten, weisen Hasen und verbrachten den Tag dort.

Puffel führte seinem Trainer noch mal alle Techniken vor, die sie so lange geübt hatten. Er war stolz auf sich, wie gut er sich jetzt verteidigen konnte. Das tägliche Üben hatte sich gelohnt. Puffel umarmte zum Abschied den alten, weisen Hasen und sagte zu ihm: „Ohne dich hätte ich das nicht geschafft. Du hast mir einen Weg gezeigt, wie ich mir selber helfen kann und wieder an mich glaube. Durch dich habe ich mich getraut, Karlchen anzusprechen und nun sind wir beste Freunde. Ich komme dich ganz oft besuchen. Schließlich müssen wir immer noch weiter trainieren."

Der Dorfälteste war ganz gerührt von Puffels Worten.

„Ich wünsche dir morgen ganz viel Spaß in der Schule", sagte er zu seinem fleißigen Schützling.

Als Puffel abends im Bett lag, stellte er sich seinen Schultag in Gedanken vor. Er dachte dabei an Karlchen und an die Mathestunde. Diesmal würde er sich melden, er würde die Antwort wissen und der Wolf und der dicke Bär waren ihm total egal. Mit diesen schönen Gedanken schlief er zufrieden ein.

Der nächste Morgen war da. Die Sonne schien durch Puffels Fenster. Fröhlich ging er in die Küche zu seiner Mutter. Er setzte sich an den Tisch und fing ganz in Ruhe an zu frühstücken. Seine Mutter war erstaunt.

„Puffel", sagte sie, „seit wann frühstückst du denn?"

„Seitdem meine Angst weg ist und damit auch meine Bauchschmerzen", antwortete er. „Außerdem habe ich gelernt, dass ich mich nur nach einem guten Frühstück in der Schule konzentrieren kann." Puffel grinste seine Mutter an und sie lächelte zurück.

„Na, dann hoppel mal zur Schule", sagte sie, nachdem das Pausenbrot eingepackt war und Puffel fertig gefrühstückt hatte.

Auf dem Weg dorthin holte er seinen Freund, die Schildkröte, ab. Am Schulhof angekommen, standen da wie erwartet der Wolf und der große Bär. Unbeeindruckt von deren Anwesenheit gingen die zwei direkt auf sie zu. Der Wolf versperrte Puffel den Weg. „Sieh mal an, da ist ja unser Angsthase und seinen Freund, die lahme Schildkröte, hat er auch mitgebracht. Wollt ihr hier etwa durch? Das erlaube ich euch aber nicht!"

Puffel machte sich ganz gerade, hob den Kopf an und schaute dem Wolf direkt in die Augen. „Ich habe keine Angst mehr vor dir und vor dem großen Bären auch nicht. Lass uns hier durch, ansonsten wirst du sehen, was passiert!"

Da fingen der Wolf und der große Bär laut an zu lachen. Als der Wolf Puffel schubsen wollte, wich dieser blitzschnell aus und wehrte den Schlag ab. Damit hatte niemand gerechnet. „Ich bin schneller und stärker als ihr zwei. Hört auf, mich zu ärgern oder ihr werdet es bereuen", sagte er selbstbewusst. Erschrocken ließen sie Puffel und seinen Freund durch.

Alle Kinder auf dem Schulhof hatten gesehen, wie mutig Puffel sich gewehrt hatte. Stolz ging er an ihnen vorbei direkt ins Klassenzimmer. Die Mathelehrerin kam herein und begrüßte die Kinder freundlich. Sie schrieb eine Aufgabe an die Tafel und fragte, wer nach vorne kommen möchte, um sie zu lösen.

Ich schaffe das.

Puffel sprach sich in Gedanken Mut zu. Seine Atmung war ganz ruhig. Er meldete sich, durfte an die Tafel und schrieb die Lösung auf.

„In der Mitte der Aufgabe hast du einen Rechenschritt vergessen, aber ansonsten ist alles richtig", sagte die Lehrerin zu Puffel. Rot wurde er diesmal nicht. Auch das Schwitzen blieb aus.

„Es ist nicht schlimm, wenn ich einen Fehler gemacht habe. Fehler machen alle, das ist ganz normal. Dafür ist der Rest der Aufgabe richtig und darauf bin ich stolz", antwortete er und setzte sich auf seinen Platz.

„Du hast recht. Jeder macht Fehler und daraus können wir lernen. Das hast du ganz toll gemacht", lobte sie Puffel. Es klingelte zur Pause.

Auf dem Schulhof erzählte Puffel Karlchen, wie mutig er auch in der Mathestunde gewesen war.

Von diesem Tag an fand Puffel die Schule schön. Er freute sich auf seinen Freund Karlchen, mit dem er jetzt spielen konnte. Wenn er geärgert werden würde, wusste er sich zu wehren. Seine Hilflosigkeit und Angst waren weg, weil er gelernt hatte, dass es immer einen Weg gibt, sich selbst zu helfen. Auch die vielen Gespräche mit seiner Mutter halfen ihm, Probleme zu lösen. Er wusste, dass er in einigen Fächern nicht so gut war und er da ein bisschen mehr üben musste – so wie er auch abends noch immer seine schönen Gedanken sagte und weiter zum Selbstverteidigungstraining ging. Aber das Wichtigste für ihn war, dass er erkannt hatte, was er alles konnte, und dass er Fehler machen durfte. Seitdem hatte Puffel endlich das Gefühl:

Egal, was auch passiert, ich bin gut so, wie ich bin – mit meinen Stärken und Schwächen.

Deine negativen Gedanken
Ich schaffe das nicht!
Ich traue mir das nicht zu!
Ich habe Angst, Fehler zu machen!

Deine positiven Gedanken
Ich sage meine Meinung!
Ich glaube an mich!
Ich darf Fehler machen!
Ich darf mich wehren!

lösen negative Gefühle aus

lösen positive Gefühle aus

Lösungen gegen Stress:

- Sag dir deine positiven Sätze abends im Bett!
- Du darfst Fehler machen!
- Rede über Deine Probleme mit Deinen Eltern, Freunden und Lehrern!
- Atme Mut ein und beim Ausatmen lässt du deinen Ärger los!
- Du hast das Recht, dich zu wehren!
- Denk immer daran, was du gut kannst!
- Spiel mit Freunden, die auch nett zu dir sind!
- Habe eine gerade Körperhaltung und sag deine Meinung!
- Mach Dinge, die dir Spaß machen, z.B. lesen, reiten, schwimmen, Kampfsport und vieles mehr.